¿Quién fue

Pablo Picasso?

D0976268

¿Quién fue Pablo Picasso?

escrito e ilustrado por True Kelley
traducido del inglés por Angelina García

Grosset & Dunlap
An Imprint of Penguin Random House

Con agradecimiento a las bibliotecas públicas
en Concord y Warner, New Hampshire—TK

GROSSET & DUNLAP
Penguin Young Readers Group
An Imprint of Penguin Random House LLC

Spanish translation by Angelina García.

Spanish translation copyright © 2012 by Penguin Random House LLC.
Text and interior illustrations copyright © 2009 by True Kelley.
Cover illustration copyright © 2009 by Penguin Random House LLC. All rights reserved.
Published by Grosset & Dunlap, an imprint of Penguin Random House LLC,
345 Hudson Street, New York, New York 10014. The WHO HQ™ colophon and
GROSSET & DUNLAP are trademarks of Penguin Random House LLC.
Printed in the USA.

The Library of Congress has cataloged the original English edition under the following
Control Number: 2009006096

ISBN 978-0-448-46175-5   10 9 8 7 6 5 4 3

Contenido

¿Quién fue Pablo Picasso?

Si piensas en arte moderno, Picasso es probablemente el primer nombre que se te viene a la cabeza. ¡El arte hoy no sería lo mismo sin él!

Pablo Picasso tuvo una vida muy larga e interesante. Vivió dos guerras mundiales, la invención de la electricidad, el teléfono, la radio y la televisión, las películas, los automóviles y los aviones. A medida que el mundo cambió, fue capaz de cambiar con él.

Picasso hizo todo tipo de arte y en gran cantidad. Trabajó duro todos los días durante más de ochenta años. Algunas personas dicen que creó ¡cincuenta mil piezas de arte! Debió haber tenido toneladas de energía.

Hizo pinturas, carteles, esculturas en piedra y metal, cerámica, dibujos, *collages*, grabados, poesía,

escenografías y vestuarios de teatro, y mucho más.
Picasso siempre pensaba en nuevas ideas. Era
creativo y hábil, pero tan pronto como llegaba a
dominar un cierto estilo, seguía adelante con algo
nuevo. Como resultado, la forma en que pintó
cambió más que la de ningún otro gran artista.

A diferencia de muchos artistas, Picasso fue exitoso y se hizo famoso con bastante rapidez. Siempre supo cómo llamar la atención. A los nueve años, Picasso estaba vendiendo sus dibujos. En el momento en que murió, a la edad de noventa y un años, era el artista más rico en la historia.

A través de su arte, Picasso envió poderosos mensajes sobre la política, la sociedad, la paz y el amor. Gracias a Picasso, la paloma es considerada un símbolo de paz. Y su pintura más famosa, el *Guernica*, muestra el horror y la brutalidad de la guerra.

El arte de Picasso podía ser serio o lúdico, infantil o realista, colorido u oscuro, simple o complejo. Cuando era niño, podía dibujar tan bien como un adulto talentoso. Sin embargo, mientras más mayor se hacía, más quería hacer arte como un niño.

"GATO CAPTURANDO UN PÁJARO", 1939

Capítulo 1
El niño maravilla

El 25 de octubre de 1881 en Málaga, en el sur de España, un profesor de arte y su esposa tuvieron un niño. Lo nombraron en honor a muchos santos y familiares: Pablo Diego José Francisco de Paula Juan Nepomuceno María de los Remedios Cipriano de la Santísima Trinidad Ruiz y Picasso.

LA MAMÁ DE PABLO

EL PAPÁ DE PABLO

Años después el bebé llegó a ser conocido como el gran artista Pablo Picasso. ¿Cómo habría podido firmar su nombre completo en una pintura? ¡Habría sido imposible! Así que simplemente escribió "Picasso".

Pablo podía dibujar antes que hablar. Su madre dijo que sus primeras palabras fueron "¡Piz! ¡Piz!", que era su forma de decir "lápiz" cuando era un bebé. De muy pequeño le gustaba dibujar espirales y a veces hacía dibujos en la arena.

Si dibujaba un caballo, podía comenzar desde cualquier punto—de la cola o de la pierna—y hacer una muy buena imagen con una sola línea. Podía hacer lo mismo con papel y tijeras. ¿Alguna vez has tratado de hacer eso? ¡No es fácil!

Los padres de Pablo querían que fuera artista. Cuando era un niño pequeño, a menudo iba con su padre a las corridas de toros. La primera pintura conocida de Pablo fue de una corrida de toros. Sólo tenía unos ocho años cuando la hizo. Todo el mundo pensaba que Pablo era un genio del arte, y tenían razón.

PABLO, 4 AÑOS

Pablo tenía dos hermanas menores, Lola y Conchita. Lamentablemente, cuando Pablo aún era joven, Conchita, de siete años de edad, murió de difteria. Toda la familia estaba devastada. Por el resto de su vida, Pablo le tuvo miedo a la muerte.

Conchita   Lola

Cuando Pablo tenía trece años, tuvo su primera exposición. Para entonces, su padre se había dado cuenta de que Pablo pintaba mejor que él. Por eso le dio a Pablo todos sus pinceles y pinturas, y nunca volvió a pintar.

Pablo y su familia se mudaron a Barcelona, una ciudad emocionante llena de artistas. Pablo fue aceptado en la escuela de arte local donde su padre

PABLO,
15 AÑOS

era profesor de dibujo. A pesar de que sólo tenía catorce años, Pablo se saltó los cursos básicos y entró directo a los avanzados. ¡Sorprendió a los maestros!

La carrera de Pablo comenzó realmente cuando tenía dieciséis años e hizo una pintura titulada "Ciencia y caridad". Su padre y su hermana Lola fueron sus modelos. Lola se mostraba enferma en una cama; el padre de Pablo posó como el doctor, a su lado. La pintura era de un estilo muy realista. Se ganó un premio en una exposición en Madrid. ¡Pablo le ganó a algunos de los mejores artistas en España!

"CIENCIA Y CARIDAD", 1897

La familia de Pablo pensaba que él tenía un gran futuro como artista y lo mandaron a Madrid para estudiar arte en la Real Academia de San Fernando. Se suponía que era una buena escuela, pero Pablo faltaba mucho a clases. Sus profesores querían que copiara otras pinturas y estatuas, pero él pensaba que esta manera de enseñanza era inútil

y anticuada. Terminó pasando mucho tiempo en los cafés. También le encantaba ir al famoso Museo del Prado, donde vio el trabajo de los maestros españoles El Greco y Francisco Goya.

LA VIDA DE PABLO EN ESPAÑA

PABLO Y SU FAMILIA SE TRASLADARON DESDE MÁLAGA, EN EL SUR DE ESPAÑA, DONDE NACIÓ, A LA CORUÑA, EN EL NORTE DE ESPAÑA, Y LUEGO A BARCELONA. DESPUÉS DE ESO, PABLO SE FUE A MADRID A ESTUDIAR ARTE. CUANDO SE ENFERMÓ, SE FUE A LA PEQUEÑA ALDEA DE HORTA DE SAN JUAN. MÁS TARDE REGRESÓ A BARCELONA PERO NO PUDO RESISTIRSE A PARÍS.

En el invierno, a Pablo le dio escarlatina. Dejó la escuela y se quedó en una aldea en el campo hasta que mejoró, por lo que tuvo un montón de tiempo para pensar en su futuro. Pablo decidió no regresar a la escuela; también decidió que quería pintar a su manera. A su familia no le iba a gustar la decisión, pero Pablo era impaciente y estaba listo para valerse por sí mismo.

Capítulo 2
El joven artista

PABLO, 18 AÑOS

Pablo se mudó de nuevo a Barcelona, donde se juntaba con un grupo de artistas, poetas y escritores en un café llamado Els Quatre Gats ("Los Cuatro Gatos"). Se llamaban a sí mismos "modernistas"—artistas modernos—. En 1900, Pablo tuvo su primera exposición individual en el café. En ella había más de cincuenta retratos de amigos y familiares y alrededor de otros sesenta dibujos y pinturas. Uno de ellos era una pintura de un sacerdote a la cabecera de la cama de una mujer moribunda. Fue aceptado para una exposición en la Feria Mundial de París; era la excusa que Pablo necesitaba para ir a París. Un viejo amigo de la escuela de arte, Carles Casagemas, fue con él.

Carles y Pablo no tenían dinero. Su apartamento no tenía casi nada, por lo que Pablo pintó muebles y estanterías en las paredes. Así no parecía tan vacío. Incluso pintó una caja fuerte en la pared como si tuvieran cosas valiosas para meter en ella.

Pero el apartamento no tenía importancia, ¡estaban en París! Era el centro del mundo del arte y de la moda. París estaba lleno de vida y ¡Picasso estaba lleno de energía! Veía el arte de Monet, Degas, Cézanne, Van Gogh, Gauguin y Toulouse-Lautrec. París era muy colorido y pronto también lo fueron las pinturas de Pablo, quien, durante dos meses pintó escenas de la ciudad. También vendió tres dibujos al pastel de corridas de toros, lo que fue alentador.

Pablo amaba París pero el pobre Carles tenía el corazón roto porque su novia lo había dejado. Así que Carles y Pablo se mudaron de vuelta a la ciudad natal de Pablo en España. A la familia de Pablo no le gustó lo que vio cuando él entró por la puerta. ¡La forma en que estaba vestido! ¡Y su pelo largo! Estaban seguros de que estaba desperdiciando su vida.

Por eso, Pablo se trasladó a Madrid, donde ayudó a fundar una revista de arte. Hizo caricaturas políticas para la revista sobre el estado lamentable de los pobres. También dejó de frecuentar a su amigo Carles, quien aún estaba terriblemente deprimido y era difícil de tratar.

Carles Casagemas

Pronto, Carles Casagemas volvió a París. Estaba desesperado. Primero trató de matar a su antigua novia; luego se pegó un tiro y murió.

Pablo estaba muy impactado. Es posible que también se haya sentido culpable por haber dejado a su amigo en tan mal estado. La muerte de Carles afectó la pintura de Picasso. Pintó dos oscuras escenas de funeral y dos retratos de la muerte de Carles. Entonces comenzó a pintar con el color azul.

Pablo dijo alguna vez que "fue pensando en Casagemas que empecé a pintar en azul". Hizo un autorretrato en 1901 que era más que nada en tonos de azul. En él se le veía muy triste. Más tarde, éste fue conocido como el Período Azul de Picasso.

"AUTORRETRATO CON CAPA",
1901

Entre 1901 y 1904, Pablo vivió entre Barcelona y París. Se quedaba en cuartos baratos de hotel y en apartamentos en mal estado. También compartió un apartamento con Max Jacob, un poeta. Sólo pudieron comprar una cama, por lo que Pablo dormía en ella durante el día y Max por la noche. Pablo trabajaba de noche, un hábito que continuó durante el resto de su vida.

Debido a que a menudo no podía permitirse el lujo de comprar lienzos y pinturas, Pablo hizo un montón de dibujos. Dibujaba principalmente mendigos, ciegos, personas solitarias y presos porque se preocupaba por estas personas. Para conseguir modelos, visitó una cárcel de mujeres en París. Durante toda su vida, Pablo amó pintar mujeres.

Era 1903. En poco más de un año, Pablo hizo cincuenta pinturas con tonos de azul y verde que nadie compró. La gente no quería poner imágenes tan deprimentes en sus paredes. El padre de Pablo y muchos de sus amigos estaban seguros de que Pablo iba en la dirección equivocada con sus extraños cuadros azules. Pero, ¿Pablo los escuchó? No. ¡Hizo lo que quiso!

"EL VIEJO GUITARRISTA", 1903
(EN TONOS AZULES)

Capítulo 3
La vida en París

Picasso,
1904

¿Qué hizo a Pablo salir de su período azul? Volver a París—esta vez definitivamente—fue una de las causas. La vívida ciudad de París transformó a Pablo. Se puso más feliz; empezó a hacer pinturas coloridas de malabaristas y acróbatas en un circo ambulante. Todos ellos eran personas que estaban fuera de la sociedad, al igual que las personas que había pintado en su período azul.

LES SALTIMBANQUES

PABLO TRABAJÓ DURO EN SU PINTURA *LES SALTIMBANQUES* (LA FAMILIA DE ACRÓBATAS). USÓ A FERNANDE Y A UN AMIGO COMO MODELOS PARA LA FAMILIA CIRCENSE. ESTUDIOS DE RAYOS X DE LA PINTURA REVELAN QUE LA HIZO COMPLETAMENTE DE NUEVO CUATRO VECES HASTA QUE QUEDÓ COMO QUERÍA.

La otra razón por la que terminó su período azul fue que Pablo tenía una nueva novia: una artista muy hermosa llamada Fernande Olivier. Su

FERNANDE Y PABLO CON SUS PERROS, 1906

felicidad se mostró en sus pinturas. A esta etapa en la vida de Pablo a veces se le llama la Época Rosa, pero sus pinturas tenían muchos colores. No sólo tonalidades rosa.

LAS MASCOTAS DE PICASSO

A LO LARGO DE SU VIDA, PABLO TUVO MUCHAS MASCOTAS, INCLUYENDO UN RATÓN DOMESTICADO BLANCO, UNA TORTUGA, UNA CABRA Y UN MONO. ERA, ADEMÁS, UN VERDADERO AMANTE DE LOS PERROS. CUANDO TODAVÍA ERA UN ARTISTA POBRE, TENÍA UN PERRO GRANDE, VIEJO Y MUY DULCE LLAMADO FRIKA. UNA VEZ, CUANDO PABLO NO TENÍA QUÉ COMER, ¡FRIKA ENTRÓ ARRASTRANDO UNA TIRA DE SALCHICHAS! SU MASCOTA FAVORITA FUE PROBABLEMENTE UN PERRO SALCHICHA LLAMADO LUMP. LUMP SIGNIFICA "PILLO" EN ALEMÁN. PABLO PINTÓ A LUMP EN SU COPIA DE *LAS MENINAS* EN LUGAR DEL PERRO DE ASPECTO NOBLE QUE VELÁZQUEZ PINTÓ EN EL CUADRO ORIGINAL.

Esmerelda

Yan

Gat

Kasbek

Lump

Pablo y Fernande vivían en un edificio de apartamentos grande y destartalado que estaba lleno de artistas y poetas. Su habitación era húmeda y estaba desordenada con un montón de proyectos en curso. A Pablo no le gustaba tirar nada y decía: "¿por qué quieres que tire lo que me ha hecho el favor de llegar a mis manos?".

Tenían un perro grande de color amarillo llamado Frika y mantenían un ratón blanco de mascota en un cajón de la cómoda. A Pablo le gustaba trabajar de noche a la luz de una lámpara de aceite. A menudo trabajaba hasta las cinco o las seis de la mañana. En invierno, la habitación a veces estaba tan fría que el líquido restante en las tazas de té se congelaba durante la noche.

Por esa época, Pablo conoció mucha gente interesante en París. Ellos pensaban que él era interesante también. Era intenso y complicado;

PICASSO CON SUS AMIGOS EN UN CAFÉ

podía ser muy encantador y su curiosidad, energía, intelecto y originalidad llamaban la atención de la gente. A pesar de ser muy bajo, medía sólo cinco pies y tres pulgadas, tenía un aspecto muy llamativo y ojos negros penetrantes.

Leo Stein

Gertrude Stein

Conoció a una adinerada mujer estadounidense llamada Gertrude Stein y a su hermano Leo. Gertrude era poeta. Ella había escrito la famosa frase "una rosa es una rosa es una rosa". Fue una de las primeras personas que apreció realmente las pinturas de Pablo y compró algunas de ellas.

Poetas y artistas se reunían en la casa de los Stein en París los sábados por la noche. Pablo conoció ahí al pintor Henri Matisse. Pablo pensaba que Matisse era el más grande pintor de la época. "Después de todo, sólo está Matisse", dijo una vez. A pesar de que competían entre sí, se convirtieron en amigos de por vida.

MATISSE, GERTRUDE STEIN Y PICASSO EN PARÍS

EL RETRATO DE GERTRUDE STEIN

EN 1906, PABLO TRABAJÓ EN UN RETRATO DE GERTRUDE. FUE UNA TORTURA PARA PABLO PORQUE NO LOGRABA DIBUJAR BIEN SU CARA. ¡ELLA POSÓ PARA EL RETRATO OCHENTA VECES! ¡PROBABLEMENTE FUE UNA TORTURA PARA GERTRUDE TAMBIÉN! PABLO SE DIO POR VENCIDO ESE VERANO; EN OTOÑO, PINTÓ SU ROSTRO DE MEMORIA. SE VEÍA COMO UNA MÁSCARA PRIMITIVA. PABLO HABÍA ESTADO MIRANDO ARTE AFRICANO Y PRIMITIVO EN UN MUSEO, LO QUE EXPLICA POR QUÉ LA PINTÓ ASÍ. NUNCA TUVO MIEDO DE TOMAR IDEAS PRESTADAS.

UNA MÁSCARA AFRICANA DE MADERA

UNA ESCULTURA IBÉRICA PRIMITIVA

LA GENTE PENSABA QUE LA PINTURA NO SE PARECÍA A GERTRUDE EN ABSOLUTO, PERO A ELLA LE ENCANTÓ. DIJO: "PARA MÍ, SOY YO".

Después de trabajar en el retrato de Gertrude Stein, Pablo se dio cuenta de que no tenía que pintar exactamente lo que veía; podía pintar lo que él imaginaba. Este fue un momento decisivo para Pablo. ¡Fue un momento decisivo en la historia del arte moderno!

Capítulo 4
Las impactantes pinturas de Pablo

En 1907, Pablo pintó el cuadro más grande que había hecho hasta entonces: de ocho pies de altura y ocho pies de ancho, en el que mostraba a cinco mujeres. La cabeza de una de ellas parecía estar al revés. La pintura se llamó *Les Demoiselles d'Avignon*.

LES DEMOISELLES D'AVIGNON

LA PINTURA ERA REALMENTE LOCA PARA LOS ESTÁNDARES DE LA ÉPOCA. LAS CINCO MUJERES QUE APARECÍAN EN ELLA TENÍAN UN ASPECTO MUY ANGULOSO Y DISTORSIONADO, ¡ERAN FEAS! PARECÍA QUE SE ESTABAN ROMPIENDO EN PEDAZOS.

LA GENTE PENSABA QUE LA PINTURA DEBÍA VERSE MÁS REAL. ¡ESTO ERA DESCONCERTANTE! ¡IMPACTANTE! NADIE NUNCA HABÍA HECHO UNA PINTURA COMO ÉSTA. CREARLA CAMBIÓ LA FORMA CÓMO PABLO ENTENDÍA LA PINTURA. LE HABÍA TOMADO MUCHOS MESES PINTAR ESTE CUADRO; HABÍA HECHO MUCHOS, MUCHOS BOCETOS (¡OCHOCIENTOS NUEVE!). ÉL SABÍA QUE ESTABA ROMPIENDO TODAS LAS REGLAS, PERO ESTABA TRATANDO DE PINTAR A LAS MUJERES DESDE MÁS DE UN ÁNGULO AL MISMO TIEMPO, COMO SI EL ESPECTADOR ESTUVIERA VIÉNDOLAS DESDE MUCHOS LADOS DIFERENTES DE UNA SOLA VEZ.

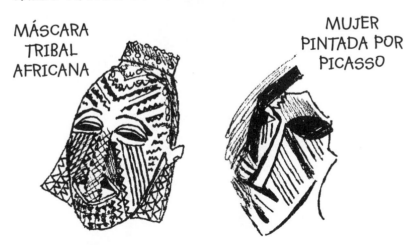

MÁSCARA TRIBAL AFRICANA

MUJER PINTADA POR PICASSO

¡Todo el mundo la odió! Un crítico dijo que era "la obra de un loco". Pablo la guardó y no la mostró de nuevo durante nueve años; había sido divertido llamar la atención pero sus sentimientos estaban heridos.

Hoy se le conoce como la primera pintura moderna del siglo XX. Picasso había encontrado una nueva forma de ver.

Había una persona a quien realmente le gustó el estilo experimental de Pablo: el dueño de una galería de arte llamado D. H. Kahnweiler. Se convirtió en el comerciante de arte de Pablo y en un amigo cercano.

D. H. Kahnweiler

Otro amigo cercano fue el artista Georges Braque. Picasso y Braque se dieron cuenta de que pensaban de manera similar.

Georges
Braque

Ambos fueron influidos por las pinturas de Paul Cézanne.

"EL MAR EN L'ESTAQUE" POR PAUL CEZANNE

Durante cinco años, Braque y Picasso se vieron todos los días. Incluso fueron juntos de vacaciones. Trabajaron tan estrechamente juntos, que Pablo dijo que a veces no podían distinguir quién había pintado qué pintura. También observaban el trabajo de los dos y decidían juntos si una pintura estaba terminada. Braque dijo alguna vez que Picasso y él eran como alpinistas unidos por la misma cuerda. Pablo nunca volvió a trabajar tan cercanamente con otro artista.

Braque y Picasso pintaron naturalezas muertas, paisajes y retratos. Ambos usaban sólo unos pocos colores y descomponían los objetos en las pinturas en cubos y formas geométricas. Estaban tratando de pintar desde todos los lados a la vez. Pablo decía: "Yo pinto los objetos como los pienso, no como los veo". Juntos, estaban inventando un nuevo estilo: ¡el cubismo!

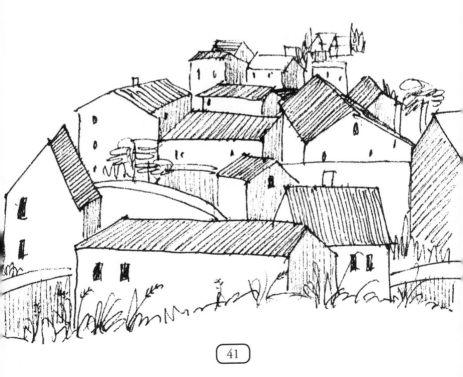

"RETRATO DE AMBROISE VOLLARD", 1910

De todo lo que Pablo creó en su vida, fue el cubismo lo que lo hizo famoso. Al principio la gente estaba impactada por el cubismo porque nunca habían visto nada igual. ¡Pero pronto la gente se dio cuenta de que les gustaba!

Pablo dijo: "Yo sabía que estábamos pintando cosas extrañas, pero el mundo nos parecía un lugar extraño".

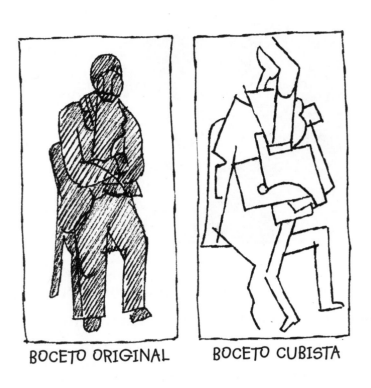

BOCETO ORIGINAL   BOCETO CUBISTA

Capítulo 5
Algo nuevo

PICASSO, 1907, 26 AÑOS

Para 1909, Pablo se estaba haciendo muy famoso. Sus pinturas eran diferentes, pero la gente las estaba comprando. Él y Fernande se mudaron a una casa más lujosa. Contrataron una criada. Pasaron el verano con Braque en una antigua villa

Fernande
Olivier

en las montañas y luego, él y Fernande terminaron su relación. Pablo dijo al respecto: "Su belleza me retenía pero no podía soportar sus mañas".

Pronto, Pablo tuvo una nueva novia: Eva Gouel. Pablo pintó un cuadro

Eva Gouel

de Eva llamado *Ma Jolie*, que significa "Mi niña bonita"; estaba enamorado de nuevo. Se enamoró muchas veces en su larga vida.

"Ma Jolie," 1912

Una vez más, Picasso y Braque estaban creando algo nuevo. Empezaron a usar troqueles y palabras impresas en sus pinturas. También comenzaron a pegar cosas en sus dibujos. Por ejemplo, si querían mostrar un periódico, en lugar de pintarlo, pegaban un pedazo real de periódico. Así fue como comenzó el *collage*. *Collage* significa "pegar". Uno de los primeros *collages* de Pablo se llamó *Naturaleza muerta con silla de rejilla*.

MATERIALES USADOS EN LOS COLLAGES DE PICASSO

CINTA

ETIQUETA

SUZE

PERIÓDICO

JOURN

SILLA DE REJILLA

TACHUELAS

CUERDA

CARTÓN

PAPEL DE ENCAJE

PAPEL TAPIZ

CORDEL

CLAVOS

Braque y Picasso siguieron, en su forma juguetona, poniendo otras cosas en sus cuadros, como pedazos de tela, papel de lija, papel tapiz e ¡incluso basura!

Sin embargo, sus experimentos con el arte fueron interrumpidos por los acontecimientos mundiales. En 1914, una guerra entre Austria-Hungría y Serbia se convirtió en lo que se conoce como la Gran Guerra, la Primera Guerra Mundial. El Archiduque de Austria fue asesinado por un serbio. Alemania apoyó a Austria-Hungría y Rusia respaldó a Serbia. Entonces, Alemania declaró la guerra a Rusia y luego a Francia. Pronto, países de todo el mundo estaban involucrados, incluyendo los Estados Unidos.

En 1914, Braque fue reclutado por el ejército francés. Como Pablo no era ciudadano francés, no tuvo que alistarse en el ejército. Se quedó en París mientras muchos de sus amigos se fueron a pelear. Pablo los echaba de menos.

Francia estaba luchando contra Alemania. Como Kahnweiler, el amigo de Pablo dueño de la galería, era alemán, se vio obligado a salir de Francia. (Los franceses pensaban que cualquier persona que fuera alemana era un enemigo). La galería fue cerrada por las autoridades francesas y todas las obras de Pablo que estaban ahí fueron confiscadas.

En 1915, la querida Eva murió de tuberculosis. Pablo estaba destrozado y una vez más mostró su tristeza en las pinturas. Había trabajado en una pintura, *Arlequín*, mientras Eva estaba enferma y la terminó después de su muerte. En ella muestra a un artista vestido de payaso delante de un caballete sosteniendo una pintura sin terminar. El fondo es negro. Fue una época sombría en Europa y en la vida personal de Pablo también.

Capítulo 6
Enamorándose una y otra vez

PICASSO,
36 AÑOS,
1917

Durante la Primera Guerra Mundial, Pablo hizo algunos nuevos amigos en París. Uno de ellos era un poeta y dramaturgo llamado Jean Cocteau. Él le presentó a Pablo un compositor de música y entre los dos convencieron a Pablo para que diseñara la escenografía y el vestuario de un ballet que se realizaría en Roma. Se trataba de un circo y se llamaba *Parade* (*Desfile*). ¡Pablo nunca había visto un ballet antes! Viajó a Roma para trabajar en él. Cuando finalmente se llevó a cabo, *Parade* fue un fracaso. Era demasiado diferente para la mayoría de la gente. Los trajes eran loquísimos.

¡BAILARINES DE BALLET!

VESTUARIO DEL
GERENTE FRANCÉS

VESTUARIO
DEL GERENTE
ESTADOUNIDENSE

También lo era la escenografía... y la música... y el baile.

EL PROGRAMA PARA EL BALLET

VESTUARIO DE CABALLO

"Olga," 1917

Mientras estaba en Roma, Pablo se sintió fascinado por el antiguo arte griego y romano. También quedó fascinado con la bella Olga Khokhlova, una de las bailarinas del ballet. Se casó con ella un año después.

De vuelta en París, Olga presentó a Pablo a la alta sociedad. Iban a bailes de etiqueta y centros turísticos de lujo. Para alguien como Pablo, quien siempre se había preocupado tanto por los pobres, este fue un verdadero cambio. Olga era una *snob*. Mantenía a Picasso alejado de sus viejos amigos y Pablo le siguió el juego.

PICASSO Y OLGA EN UN BAILE DE ETIQUETA EN LOS AÑOS 20

Él no tenía necesidad de trabajar más porque ya era rico. Sin embargo, eso no significó que dejara de trabajar. Una vez más, cambió de dirección.

Después de la guerra, Pablo hizo mucho menos obras cubistas y *collages*. Volvió a pintar en formas más tradicionales. Después de todos sus experimentos, Pablo había encontrado otra manera de sorprender a la gente... ¡no ser el Picasso que esperaban!

En 1921, Pablo y Olga tuvieron un hijo, Paulo. Pablo adoraba a su nuevo bebé. Le gustaba ser padre, pero fue un gran cambio para él.

PAULO, 2 AÑOS

Una y otra vez pintó a la madre y al hijo en un nuevo estilo. Las formas eran de aspecto sólido, y no irregulares y quebradas como en sus pinturas cubistas.

Su pintura *Tres mujeres en la fuente* muestra tres figuras usando ropas de estilo clásico griego. Tienen formas muy redondeadas y piernas gruesas. Picasso dijo que el pintar las piernas le había traído recuerdos de su infancia cuando se arrastraba por debajo de la mesa y veía los tobillos de sus tías.

Al mismo tiempo, también pintó *Tres músicos* en un estilo cubista muy simplificado. Pero ahora las formas y los colores eran más luminosos. Las figuras parecían piezas de un rompecabezas. ¿Por qué Picasso cambiaría de repente de un estilo a otro? Él dijo que simplemente utilizaba el estilo que mejor se adaptara a lo que estaba pintando.

PICASSO EN SU
TALLER, 1919

Luego, Pablo empezó a pintar cosas como centauros y faunos. Él los había admirado en las antiguas estatuas y obras de arte que había visto en Italia.

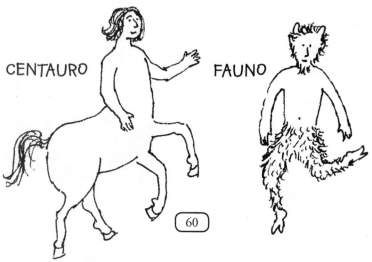

CENTAURO

FAUNO

Los cubistas pensaban que Picasso se estaba vendiendo, pero a Picasso no le importaba lo que pensaran otros artistas. No quería ser etiquetado. ¡Era Picasso!

En 1925, Picasso se interesó en el movimiento surrealista en el arte y la literatura. La pintura surrealista era una manera de expresar la mente inconsciente.

"MUJER EN SILLÓN ROJO", 1932

Picasso pintó un mundo de sueños y de pesadillas, y participó en una muestra de arte surrealista. Adicionalmente, Picasso también estaba escribiendo poesía y haciendo ilustraciones de libros y grabados. ¡Tenía la energía de diez personas!

Muchos de los dibujos y grabados surrealistas de Picasso eran sobre las corridas de toros. También hizo muchas imágenes del Minotauro, una criatura imaginaria que era mitad hombre y mitad toro. ¡Algunos críticos de arte creen que a Picasso le gustaba pensarse a sí mismo como un Minotauro!

MINOTAURO

HACER UN GRABADO

LOS GRABADOS SON DIBUJOS QUE SE HACEN RAYANDO UNA PLACA DE METAL CON UNA HERRAMIENTA FILOSA. LUEGO SE HACEN IMPRESIONES DE LA PLACA.

1. CORTA EL DISEÑO EN UNA PLACA DE COBRE TRATADA CON UN BARNIZ RESISTENTE AL ÁCIDO.

2. LAVA EL DISEÑO CON ÁCIDO, QUE SE METERÁ EN LOS CORTES (EL BARNIZ RESISTENTE AL ÁCIDO PROTEGE AL RESTO DE LA PLACA)

3. ECHA LA TINTA CON UN RODILLO Y LIMPIA EL EXCESO DE TINTA PARA QUE ÉSTA QUEDE SÓLO EN LOS CORTES.

4. IMPRIME. LAS LÍNEAS QUE TIENEN LA TINTA CREARÁN LA IMAGEN.

Picasso también se interesó en hacer esculturas. Había hecho algunos *collages* de una guitarra que utilizaba muchos objetos en tres dimensiones, como clavos, cuerdas y un trapo. Era como si este tipo de pinturas se estuvieran convirtiendo en esculturas.

"GUITARRA", 1926

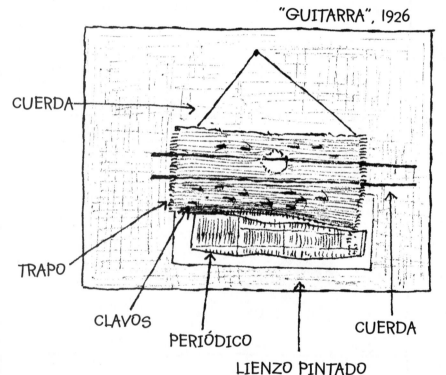

CUERDA

TRAPO

CLAVOS

PERIÓDICO

LIENZO PINTADO

CUERDA

Un día, Picasso conoció a un escultor que trabajaba con metal en París. Su nombre era Julio González;

también era español. Julio y Pablo se hicieron amigos y trabajaron juntos en esculturas abstractas con varillas de metal y alambre soldado. Era algo completamente nuevo.

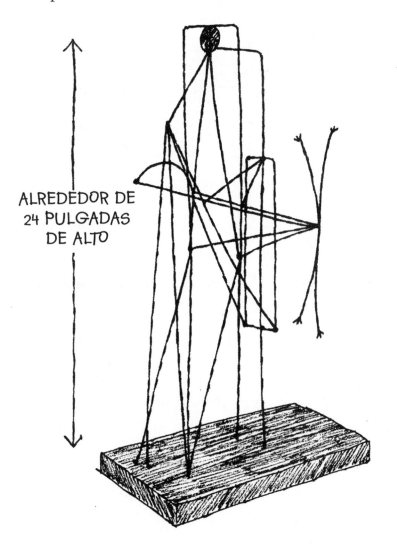

ALREDEDOR DE
24 PULGADAS
DE ALTO

EL DESORDENADO TALLER DE PICASSO, 1920

Por desgracia, el matrimonio de Pablo y Olga no estaba funcionando. Vivían en pisos separados de la casa. Ella odiaba su desordenado taller (¡era un desastre!), pero Pablo decía que el desorden lo inspiraba. Olga era el problema. "Me exigía demasiado", dijo él. Así que compró una gran casa al norte de París para librarse de ella. Picasso dijo que sus últimos meses con Olga fueron una pesadilla.

En su nueva casa, Picasso creó un taller de escultura en los establos. Ahí hizo grandes cabezas de yeso y esculturas con materiales extraños. Una escultura, *Cabeza de mujer*, la hizo con coladores.

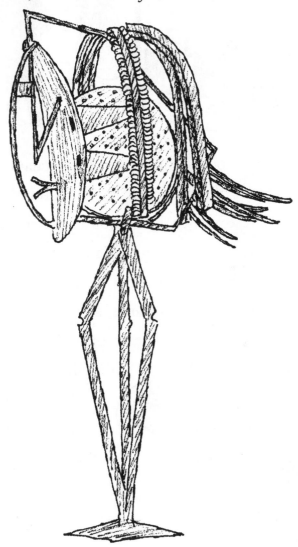

Picasso conoció a una joven justo cuando ella venía saliendo del metro en París. Su nombre era Marie-Thérèse Walter. Fue amor a primera vista.

Inmediatamente, Picasso comenzó a pintarla. Años más tarde, él y Marie-Thérèse tuvieron una hija juntos, una niña llamada Maya. ¿Vivieron felices para siempre? ¡No!

Dora
Maar,
1936

Picasso conoció a una fotógrafa llamada Dora Maar y se enamoró de ella tan sólo un año después de que nació su hija. Parecía que Picasso disfrutaba tener una vida amorosa muy complicada porque seguía viendo a Marie-Thérèse, todavía lidiaba con Olga y ahora estaba Dora.

LAS MUSAS DE PICASSO...
LAS MUJERES EN SU VIDA

LAS MUJERES SE SENTÍAN ATRAÍDAS POR PICASSO, PERO ¡DEBE HABER SIDO DIFÍCIL VIVIR CON ÉL! TENÍA UN TEMPERAMENTO FUERTE Y SE PONÍA DE MAL HUMOR CUANDO SU TRABAJO NO IBA BIEN. POR SUPUESTO, ERA TOTALMENTE ENCANTADOR EN OTRAS OCASIONES. AMABA A LAS MUJERES PERO ESTABA MUY CENTRADO EN

CONOCIÓ A FERNANDE EN 1904

CONOCIÓ A EVA EN 1911

CONOCIÓ A OLGA EN 1917

CONOCIÓ A MARIE-THÉRÈSE EN 1927

PAULO, NACIDO EN 1921

MAYA, NACIDA EN 1935

SÍ MISMO Y ABSORBIDO POR SU ARTE. TUVO MUCHAS NOVIAS Y ESPOSAS EN SU VIDA, Y CUATRO HIJOS. ELLAS ERAN IMPORTANTES PARA ÉL COMO MODELOS Y COMO SU MAYOR FUENTE DE INSPIRACIÓN. SABEMOS CÓMO ERAN LAS MUJERES PORQUE LAS DIBUJÓ Y PINTÓ A TODAS; ERAN HERMOSAS.

CONOCIÓ A DORA EN 1936

CONOCIÓ A FRANÇOISE EN 1944

CONOCIÓ A JACQUELINE EN 1953

CLAUDE, NACIDO EN 1947

PALOMA, NACIDA EN 1949

Capítulo 7
La guerra y la paz

Algunos artistas trabajan con una idea y en un estilo. Pero Picasso cambiaba todo el tiempo. Las pinturas de Picasso reflejaban lo que estaba pasando en su vida personal, así como también lo que estaba sucediendo en el mundo exterior.

En 1936 estalló la Guerra Civil española. Picasso vivía en París, pero se vio profundamente afectado por la guerra en España; era español después de todo.

En España había sido elegido un gobierno republicano. Sin embargo, fue derrocado por el general Francisco Franco y su ejército. Franco era un dictador y gobernó España hasta su muerte, en 1975. A causa de Franco, Picasso nunca regresó a su país natal.

EL
GENERAL
FRANCO

En abril de 1937, la ciudad de Guernica, en el noreste de España, fue bombardeada por los alemanes que estaban ayudando a Franco y sus hombres. Guernica no estaba lejos de donde Picasso había crecido. Las bombas cayeron en el día de mercado y más de mil seiscientas personas—hombres, mujeres y niños—fueron asesinados. Casi novecientas personas más resultaron heridas. No había ninguna razón militar para el ataque.

Picasso estaba indignado con el asesinato de todas esas personas inocentes. Con toda su pasión, pintó un cuadro enorme de doce pies de alto por veintiséis pies de largo llamado *Guernica*. Es su pintura más famosa. La terminó en tan sólo tres semanas, mientras su nueva novia, Dora, tomaba muchas fotografías de él trabajando.

En tonos grises, la pintura muestra un caballo gritando, un soldado caído, una mujer en llamas gritando mientras cae de una casa que se está incendiando y una madre sosteniendo a su bebé muerto. Hay un brazo cortado que sostiene una espada y una cabeza cortada. También hay un toro en medio del caos, que posiblemente simbolice la esperanza de vencer a Franco. El *Guernica* es un retrato muy fuerte y perturbador de los horrores de la guerra.

Cuando se le pidió que explicara la pintura, Picasso dijo: "No depende del pintor definir estos símbolos, de lo contrario ¡sería mejor que escribiera lo que quiere decir!".

Luego, en 1939, estalló la Segunda Guerra Mundial después de que el ejército alemán invadiera Polonia. Ante el temor de que los bombardearan, los museos en París cerraron. Gran parte del arte fue trasladado y escondido en el campo. Muchos artistas huyeron de la ciudad. Eso fue lo que hizo Picasso con su familia. Se mudaron a Royan, un pequeño pueblo en la costa atlántica de Francia.

En 1940, los alemanes ocuparon París. Picasso decidió regresar a su taller allí. ¿Por qué? Tal vez Picasso esperaba que su presencia fuera un símbolo importante de rebeldía y libertad para los franceses.

Era difícil conseguir comida, por lo que a veces Picasso pintaba imágenes de salchichas y puerros. Los materiales de arte también eran escasos. Aun así, Picasso se las ingenió para pintar todos los días. También escribió una obra de teatro. Los nazis no aprobaban ninguna de sus obras. ¡Pero eso no detuvo a Picasso!

El amor de Picasso por Dora se estaba desvaneciendo. Conoció a una joven artista, Françoise Gilot, y comenzó un romance con ella que duró diez años.

En 1944, los nazis finalmente fueron expulsados de París. Picasso siguió pintando y cantaba en voz alta mientras trabajaba para ahogar los sonidos de los disparos. Tan pronto como los alemanes se fueron, París hizo una fiesta: la ciudad era libre

Françoise
Gilot,
1943

de nuevo. La guerra casi había terminado.

Los soldados estadounidenses llegaron a París. Algunos dijeron que las dos cosas que más querían hacer ahí eran ver la Torre Eiffel y ¡conocer a Picasso! Picasso estuvo feliz de recibir gente en su taller, todo el mundo era bienvenido. Algunos soldados llegaban tan cansados que se dormían allí. ¡Una vez alguien contó veinte hombres durmiendo en el taller!

La Segunda Guerra Mundial duró seis años. Picasso ya había vivido tres guerras y sabía lo importante que era trabajar por la paz. En 1948, se dirigió al Congreso de la Paz en Polonia. Al año siguiente, hizo un cartel de una paloma para el Congreso de la Paz. Gracias a Picasso, la paloma se ha convertido en un símbolo de la paz en todo el mundo.

CONGRÈS MONDIAL
DES PARTISANS
DE LA PAIX

SALLE PLEYEL
20·21· 22 ET 23 AVRIL 1949
PARIS

Capítulo 8
Ollas y cacerolas

Picasso, 1955

Después de la guerra, Picasso y Françoise se trasladaron a la ciudad de Vallauris, en el sur de Francia. Vivían en una antigua fábrica de perfumes con espacio para un taller de escultura. Sus dos hijos nacieron en Vallauris: un hijo, Claude,

PICASSO Y FRANÇOISE CON SUS HIJOS CLAUDE
Y PALOMA, EN 1952

en 1947, y una hija, Paloma, en 1949.

También había una fábrica de cerámica en la ciudad. Picasso comenzó a trabajar con los alfareros, haciendo y decorando cerámica, platos y jarrones.

Al principio sólo decoraba piezas elaboradas por los alfareros, pero pronto él mismo se puso a hacer cerámica. Sus diseños eran alegres y juguetones.

En casa, en su taller, Picasso trabajaba en esculturas divertidas e infantiles. Eran hechas de las cosas que encontraba alrededor del lugar y por eso las piezas se llamaron "Arte Encontrado". En un depósito de chatarra, Picasso vio un asiento y un manubrio de bicicleta tirados uno junto al otro. Los soldó juntos. ¡De pronto se vieron exactamente como una cabeza de toro!

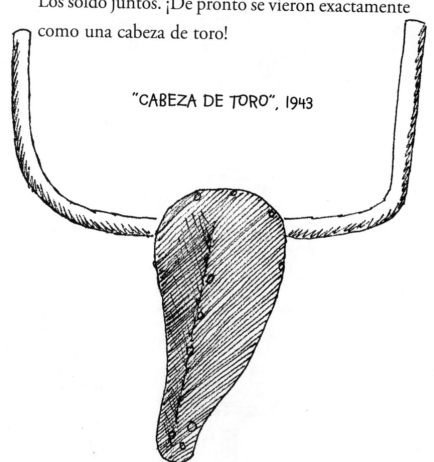

"CABEZA DE TORO", 1943

Para una escultura de una mujer que empujaba un cochecito de bebé, Picasso utilizó partes de un cochecito de bebé de verdad y moldes para pasteles.

"MUJER CON COCHE", 1950

Algunas de sus esculturas te harían reír. Por ejemplo, para un mono, Picasso utilizó un auto de juguete como rostro, un resorte de auto como cola, una jarra como cuerpo y asas de tazas de café para las orejas.

"EL MONO Y SU PEQUEÑO", 1952

Hizo una escultura de una cabra con macetas, una cesta y hojas de palmera.

Pablo era un feliz hombre de familia. Pasaba tiempo con sus hijos enseñándoles a nadar, jugar y dibujar. Parecía haber encontrado la paz en su vida. Pero ¿duró? ¡No!

PICASSO, CLAUDE Y PALOMA

Capítulo 9
Ocupado hasta el final

EN EL TALLER,
ALREDEDOR DE 1950

En 1953, cuando Picasso tenía setenta y un años, Françoise lo dejó. ¡Él no lo podía creer!, ninguna mujer lo había dejado antes. Siempre había sido él quien terminaba con la relación. Françoise se llevó a los niños con ella, lo que fue un duro golpe para Pablo. Su amigo, el artista Henri Matisse, murió poco tiempo después. Otro golpe.

¡Pero Picasso encontró el amor otra vez! Conoció a una mujer, Jacqueline Roque, en la fábrica de

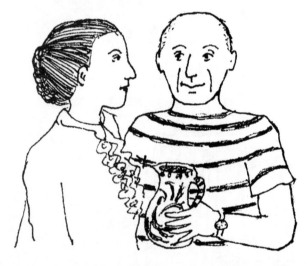

cerámica. Ella estuvo con él devotamente hasta el día de su muerte. Se casaron cuando Pablo tenía ¡ochenta años! Pablo y Jacqueline vivían en una lujosa casa en el sur de Francia. Picasso pintó cuadros de su taller y de Jacqueline. Hizo por lo menos ciento cincuenta retratos de ella. También hizo una serie de dibujos llamada *El artista y la modelo*. Siguió experimentando y explorando. Picasso dijo: "Tengo cada vez menos tiempo y, sin embargo, tengo más y más que decir".

Uno de sus proyectos fue observar obras de arte antiguas de otros artistas, como las del pintor

español Velázquez, y traducir las obras en su propio estilo. Picasso parecía estar tratando de entender la historia del arte haciéndola de nuevo a su manera.

"LAS MENINAS"
DE DIEGO
VELÁZQUEZ, 1656

"LAS MENINAS" DE
PABLO PICASSO, 1957

¡PICASSO
HIZO 58
DIBUJOS
SOBRE
ESTE
TEMA!

Para entonces, había muestras de su arte en todo el mundo. Era tan famoso que era difícil tener algo de privacidad. Él y Jacqueline se mudaron a una villa aislada en las montañas del sur de Francia. Su casa tenía puertas electrónicas y perros guardianes. Incluso sus propios hijos tenían problemas para entrar a verlo.

En su cumpleaños número ochenta y cinco, los museos de París lo honraron con muestras de su obra: mil piezas en total.

Y Picasso todavía seguía trabajando. Incluso a los noventa y un años seguía experimentando: empezó a hacer linograbados.

"EL FUTBOLISTA", 1961
ESCULTURA DE CHAPA DE METAL, I5 PIES DE ALTO

También hizo un nuevo tipo de escultura con chapa de metal pintada. ¡Aún hacía tres, cuatro e incluso cinco cuadros al día!

A veces parecía que Picasso viviría para siempre.

CÓMO HACER UN LINOGRABADO

1. DIBUJA TU DISEÑO <u>AL REVÉS</u> EN UN BLOQUE DE LINÓLEO.

2. TALLA <u>EN TORNO</u> A LAS LÍNEAS DE TU DIBUJO PARA ELIMINAR EL LINÓLEO DONDE QUIERES QUE VAYA EL COLOR DEL PAPEL DONDE VAS A IMPRIMIR.

3. ECHA LA TINTA EN EL BLOQUE CON UN RODILLO.

4. COLOCA EL PAPEL SOBRE EL BLOQUE. FROTA CON UNA CUCHARA DE PLÁSTICO.

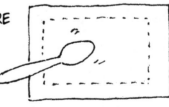

¡VOILÀ!

Sin embargo, el 8 de abril de 1973 el corazón de Pablo Picasso finalmente dejó de funcionar. El doctor junto a su cama escuchó sus últimas palabras: "Usted está equivocado al no casarse. Es muy útil". Así fue Picasso, no dejó de sorprender hasta el final.

Hoy, varios museos están dedicados a su arte, incluyendo uno en Barcelona y otro en París.

Picasso dejó una enorme cantidad de obras. Puede haber hasta cincuenta mil piezas. Pero no es la cantidad de arte lo que sorprende, lo alucinante es su genialidad. ¿Cómo pudo un hombre tener tanta energía? ¿Cómo pudo un hombre pensar tantas nuevas ideas? ¿Cómo pudo un hombre vivir tan plenamente? El regalo de Picasso al mundo fue su arte, pero también mostró cómo podía ser una vida creativa cuando se vive con energía, originalidad y pasión.

LO QUE PICASSO REALIZÓ
ENTRE LOS 88 Y LOS 91 AÑOS

1969...

165 PINTURAS AL ÓLEO Y	... 45 DIBUJOS

1970 A MARZO DE 1972...

156 GRABADOS

1970...

194 DIBUJOS

NOVIEMBRE DE 1971 A AGOSTO DE 1972...

172 DIBUJOS

SEPTIEMBRE 1970 HASTA JUNIO DE 1972...

201 PINTURAS

EL ÚLTIMO AUTORRETRATO
DE PICASSO, 1972

CRONOLOGÍA DE LA VIDA DE PABLO PICASSO

1881 —— Nace el 25 de octubre

1889 —— Pinta su primera pintura al óleo, a los ocho años

1895 —— Se muda a Barcelona y va a la Escuela de Bellas Artes

1900 —— Primera exposición en el café Els Quatre Gats

1901 —— Muere Casegemas; comienza el período azul;

Entre 1901 y 1904 vive entre España y Francia

1906 —— Pinta a Gertrude Stein; conoce a Matisse y a Braque

1912 —— Primeros *collages*

1921 —— Nace Paulo, su hijo con Olga Khokhlova

1925 —— Primera exposición surrealista

1937 —— Pinta el Guernica

1947 —— Nace Claude, su hijo con Françoise Gilot;
empieza a hacer cerámica

1949 —— Inventa la paloma como símbolo de la paz;
nace Paloma, hija suya y de Françoise

1954 —— Muere Matisse

1961 —— Se casa con Jacqueline; hace esculturas de metal corrugado

1966 —— Mil obras de Picasso se muestran en París
para su cumpleaños número ochenta y cinco

1973 —— Muere el 8 de abril, a los noventa y un años de edad

CRONOLOGÍA DEL MUNDO

Nace Albert Einstein — 1879

Feria Mundial en París — 1900

Los hermanos Wright vuelan un avión en Kitty Hawk, — 1903
Carolina del Norte

El Titanic se hunde en su primer viaje el 14 de abril — 1912

Comienza la Primera Guerra Mundial — 1914

Termina la Primera Guerra Mundial; — 1918
una gran epidemia de gripe mata entre veinte
y cuarenta millones de personas en todo el mundo

La bolsa de Nueva York se desploma, — 1929
desencadenando la Gran Depresión

Adolf Hitler se convierte en canciller de la Alemania nazi — 1933

Comienza la Guerra Civil española y dura tres años — 1936

Comienza la Segunda Guerra Mundial — 1939

Estados Unidos lanza bombas atómicas sobre — 1945
dos ciudades japonesas; termina la Segunda Guerra Mundial

Elvis Presley logra su primer éxito con "Heartbreak Hotel" — 1957

Neil Armstrong, comandante del Apolo 11, — 1969
se convierte en el primer astronauta en pisar la Luna

Richard M. Nixon dimite como presidente de los Estados Unidos — 1974

Bibliografía

Buchoholz, Elke Linda. Zimmermann, Beate. Ullmann, H.F. **Pablo Picasso: Life and Work**. Konemann, Germany, 2008.

Green, Jen; Hughes, Andrew S.; Mason, Antony. **Famous Artists: Picasso**. Barrons, New York, 1995.

Heslewood, Juliet. **Introducing Picasso**. Little, Brown and Company, New York, 1993.

Kelley, True (Illustrator). **Pablo Picasso: Breaking All the Rules**. Penguin Group (USA), New York, 2002.

Leslie, Richard. **Pablo Picasso: A Modern Master**. New Line Books, New York, 2006.

Meadows, Matthew. **Art for Young People: Pablo Picasso**. Sterling Publishing, New York, 1996.

Scarborough, Kate. **Artists in Their Time: Pablo Picasso**. Children's Press, New York, 2002.

Schaffner, Ingrid. **Essential Pablo Picasso**. Harry Abrams, Inc. New York, 1999.

Warncke, Carsten-Peter. **Picasso**. Taschen, London, 1998.

Wertenbaker, Lael. **The World of Picasso 1881-1973**. Time-Life Books, New York, 1974.